INSTRUCTION

concernant

LES DIVERS SERVICES

confiés au

PERCEPTEUR-RECEVEUR MUNICIPAL

ET HOSPITALIER.

INSTRUCTION

CONCERNANT

LES DIVERS SERVICES

CONFIÉS

AU PERCEPTEUR-RECEVEUR MUNICIPAL ET HOSPITALIER.

SERVICE DE LA PERCEPTION.

1.
Publication des rôles. Mention de cette publication sur les avertissements et état à envoyer au Directeur des contributions directes. Examen et émargement des rôles.

Le percepteur doit présenter, sans retard, aux maires des communes de sa perception, les rôles de l'année courante pour les faire publier ; faire certifier par eux, au bas du rôle, que la publication *a eu lieu tel jour*, et adresser au Directeur des Contributions directes, par l'entremise du Receveur des finances, un état indiquant, pour chaque commune, la *date* de la publication. Cette date déterminant, aux termes de l'article 8 de la loi du 4 août 1844, l'époque à partir de laquelle commence à courir le délai de trois mois accordé aux contribuables pour la présentation de leurs réclamations, il importe qu'elle soit énoncée sur les avertissements. Le percepteur doit, en outre, y indiquer le lieu, le jour et l'heure où son bureau est ouvert aux contribuables. (Art. 35 et 51 de l'Instruction générale du 17 juin 1840 et Circulaire de l'Administration des Contributions directes du 31 août 1844.)

Aussitôt après la publication des rôles, le percepteur doit les vérifier et s'assurer qu'ils sont exacts.

Le percepteur doit émarger sur les rôles, en présence des contribuables et en toutes lettres, les sommes enregistrées au journal à souche. Toute contravention à cette disposition peut, sur la poursuite des contribuables intéressés, être punie *correctionnellement* par une amende de 10 fr. à 25 fr. (Art. 54.)

Là où il existe des rôles de fermiers et locataires, le total des émargements doit être reporté, chaque mois, à l'article des propriétaires dans le rôle général (Art. 62.)

2.
Tournées dans les communes.

Les jours du mois, ou de la semaine, où le percepteur se rend dans chacune des communes de son arrondissement de perception, sont déterminés à l'avance par le Sous-Préfet, sur l'avis du Receveur des finances. L'itinéraire ainsi fixé doit être affiché constamment dans les bureaux du percepteur. Le percepteur doit se rendre dans chaque commune, au moins une fois par mois (et même plus souvent si le service des poursuites l'exige), muni de ses rôles et de son journal à souche. (Art. 53). Les recettes au chef-lieu doivent avoir lieu tous les jours non consacrés aux tournées dans les autres communes de la réunion.

3.
Versements à la Recette des finances.

Le percepteur fera, à moins d'empêchement justifié, versements par mois, dont un (le *.) *en personne* aux époques assignées par le receveur des finances. Chacun de ces versements sera accompagné du livre récapitulatif et d'un bordereau conforme au modèle donné par la recette particulière.

Tout percepteur, dont la situation à l'époque de son *premier* versement *du mois*, présente plus de 12*. d'arriéré, est tenu de joindre à ce versement une liste des cotes de 20 fr. et au-dessus et des paiements faits sur ces cotes. (Article 1100.)

4.
Poursuites en matière de contributions directes. Nombre de cotes-matières à poursuivre à la fois. Recherches efficaces recommandées au percepteur. Surveillance des porteurs de contraintes.

Le percepteur ne peut commencer les poursuites avec frais, qu'après avoir prévenu les contribuables retardataires par une *sommation gratis*. La date de la remise de cette sommation doit être constatée à l'article du rôle en tête de la colonne d'émargement. (Art. 19.)

Lorsqu'il s'agira de poursuivre, soit par garnison collective ou individuelle, soit par commandement, des redevables sur plusieurs articles et exercices, les demandes en autorisation de poursuites doivent, sous peine de rejet, être établies *par article et par exercice*, et les états de frais doivent contenir les mêmes indications.

Une contrainte par voie de garnison collective ne doit pas comprendre plus de 130 retardataires dans les villes, et du 10*. du nombre des articles de rôles pour chaque commune rurale.

La garnison individuelle est un moyen de coercition qui doit être rarement employé.

La contrainte par commandement ne doit s'appliquer à la fois qu'à un petit nombre des plus forts contribuables et des plus récalcitrants, et il importe de procéder successivement contre eux par voie de saisie-exécution et de vente. Ce n'est pas la multiplicité des poursuites qui agit sur le moral des contribuables, c'est leur opportunité, c'est la promptitude avec laquelle les divers degrés sont employés. Le percepteur ne doit pas moins faire figurer sur sa demande en autorisation de poursuites tous les contribuables qui n'ont pas satisfait à la contrainte par garnison collective, sauf au receveur des finances à limiter le nombre des commandements.

Les poursuites doivent concilier, autant que possible, avec les époques où le percepteur peut, par sa présence dans la commune, faciliter aux redevables le moyen de se libérer. (Art. 26 du réglement sur les poursuites.)

Il est expressément recommandé au percepteur : 1° d'apporter la plus grande impartialité dans les poursuites qu'il exerce contre les retardataires et de ne procéder contre ceux-ci par les voies de rigueur, qu'après avoir épuisé les exhortations amicales et les moyens de persuasion; 2° de presser, soit par lettres *affranchies*, soit par des démarches personnelles, les propriétaires aisés auxquels il tâchera de faire comprendre que, lorsqu'il s'agit du paiement de l'impôt, ils doivent donner l'exemple à leurs concitoyens et qu'en payant d'avance leurs cotes, ils mettront le percepteur à même d'avoir, pour les petits contribuables, les ménagements compatibles avec ses obligations; 3° de faire preuve de la plus grande urbanité dans ses relations journalières avec les contribuables et d'être constamment prêt à recevoir leurs réclamations, comme à leur donner les explications propres à les satisfaire. En agissant ainsi, en rendant aux contribuables tous les services qui dépendent de lui, il acquèrera sur eux une légitime influence qu'il saura utiliser au profit du recouvrement de l'impôt.

Le percepteur devra, aussi, veiller, avec le plus grand soin, à ce que le porteur de contraintes remplisse exactement ses fonctions et à ce que ses états soient bien établis, additionnés et revêtus des signatures exigées.

Les cotes des différentes contributions dont l'existence au rôle est une erreur matérielle, sont allouées en décharge sur la demande du percepteur, au nom des individus indûment taxés.

L'état énonciatif et détaillé de ces cotes, conforme au modèle n° 13, doit être dressé dans les *trois mois de la publication des rôles*, et remis, en double expédition, avant l'expiration de ce délai, au Receveur des finances qui, après l'avoir vérifié, le transmet à la Sous-Préfecture. Le percepteur *en conserve la minute* pour y annoter les admissions en décharge ainsi que les rejets.

On doit considérer comme cotes indûment imposées, les cotes personnelles et mobilières concernant les contribuables dont l'indigence était notoire avant le 1er. janvier. (Art. 97.)

Le percepteur doit justifier que les contribuables partis avant le 1er janvier et maintenus au rôle de la contribution personnelle et mobilière, sont, aussi, taxés à leur nouvelle résidence. Cette justification est indispensable pour démontrer le double emploi.

Les cotes des différentes contributions qui peuvent, dans le cours de l'année, devenir irrécouvrables pour cause d'*absence*, *décès*, *insolvabilité*, etc., tombent en *non-valeurs*.

Le percepteur est tenu de dresser, *dans les deux premiers mois de la seconde année de l'exercice*, et par nature de contributions, l'état des cotes dont il s'agit, et de le remettre, en double expédition, le premier mars au plus tard, au Receveur des finances, qui le transmet à la Sous-Préfecture, après l'avoir vérifié. (Art. 98.)

Cet état, conforme au modèle n° 14, doit être accompagné : 1° de toutes les pièces propres à justifier de l'impossibilité du recouvrement, telles que certificats d'absence, d'indigence ou de décès, de procès-verbaux de carence ou de déménagement furtif et autres documents constatant que tous ceux des contribuables qui se sont trouvés dans le cas d'être poursuivis l'ont été en temps utile et que tous les degrés de poursuites ordonnés par les règlements ont été observés à leur égard ; 2° d'un état des restes à recouvrer du même exercice, comprenant les cotes *recouvrables et irrécouvrables* (modèle n° 193.)— Le percepteur *en conserve la minute pendant trois ans*, pour y annoter les admissions en non-valeurs, ainsi que les rejets. (Art. 99 et 1286.)

Lorsque le percepteur est entré en fonctions dans les deux premiers mois de l'année, le délai ci-dessus pour la remise des états de cotes irrécouvrables ne court qu'à partir de son installation (Circ. de la Cie. g^{ie}. du 21 janv. 1836.)

Le percepteur doit espacer ses états de manière à ce que les répartiteurs, le contrôleur et le Directeur des Contributions directes puissent motiver leur avis, et ne pas les faire instruire par les répartiteurs avant leur transmission à la Recette des finances, attendu que ce mode de procéder est réprouvé par les instructions, et qu'il offre, en outre, l'inconvénient, lorsque l'instruction régulière s'en fait par le contrôleur, d'empêcher celui-ci d'obtenir des répartiteurs un examen approfondi de ces mêmes états sur lesquels ils se sont déjà prononcés. Ils doivent être rédigés par nature de contribution dans l'ordre des articles du rôle et contenir, dans la colonne à ce destinée, tous les renseignements et détails propres à établir que les cotes ont été mal imposées, ou sont devenues irrécouvrables. Les dates précises des décès et des départs, ainsi que les époques auxquelles remonte l'indigence, doivent y être soigneusement mentionnées.

Le percepteur est tenu de constater l'imputation, sur les rôles des Contributions directes, des ordonnances de dégrèvement, suivant les règles tracées aux articles 167 à 175, et de remettre ces ordonnances, *dans le délai d'un mois*, à la Recette des finances, après l'entier accomplissement des formalités prescrites sur chaque ordonnance. (Art. 147.)

Les dépenses de l'exercice antérieur étant closes à partir du 31 octobre de l'année suivante, le percepteur devra verser les ordonnances imputables sur les fonds de non-valeurs de cet exercice, le   octobre au plus tard. S'il ne le fait pas, les ordonnances ne seront pas admises par le Receveur des finances, et il aura à en suivre le recouvrement pour son propre compte. (Art. 198.)

A la réception des ordonnances, le percepteur doit en inscrire le montant à l'article de chaque contribuable, sur le rôle de l'exercice pour lequel elles ont été émises ; cette inscription a lieu dans la colonne réservée pour les émargements (voir l'*article 1ᵉʳ du rôle*, *modèle n° 4*). Il examine ensuite si le montant du dégrèvement, réuni aux sommes qui auraient été payées par chaque contribuable, avant d'avoir connaissance de l'ordonnance, est *égal ou inférieur* au montant de sa cote, ou s'*il l'excède*. Dans le premier cas, il constate l'émission de l'ordonnance sur le rôle pour le montant total du dégrèvement (voir *le modèle précité*). Il porte en même temps la somme en recette sur le journal à souche, et il en délivre quittance au nom des contribuables. (Art. 167, 168 et 169.) Dans le cas, au contraire, où des contribuables dégrévés ont effectué des paiements à valoir sur leurs contributions, avant d'avoir connaissance de la remise ou décharge prononcée à leur profit, et que ces paiements réunis au montant des dégrèvements accordés, excèdent la cote pour laquelle ils avaient été compris au rôle, il y a lieu de leur rembourser l'excédant et d'exécuter les diverses prescriptions qui sont détaillées en la circulaire de la C¹ᵉ. g³. du 27 février 1847.

Le percepteur n'a point de remboursement à faire, s'il s'agit de remises accordées pour des cotes, d'abord jugées *irrécouvrables* et sur lesquelles des versements auraient été obtenus. (Art. 172.) Il n'y a pas lieu non plus, dans ce cas, d'appliquer le montant desdites remises au paiement des cotes d'un autre exercice ; l'ordonnance est réduite purement et simplement des sommes recouvrées avant sa réception.

Pour constater l'inscription au rôle des ordonnances de décharges et réductions, remises et modérations, ces ordonnances doivent être revêtues de la signature des contribuables ; lorsque les contribuables ne se présentent pas *dans le mois*, ou s'ils sont illettrés, absents, décédés ou imposés collectivement, cette formalité est remplie par le maire ou l'adjoint de la commune dans laquelle les contribuables ont leur domicile. Celui-ci se fait remettre les quittances délivrées au nom des contribuables pour lesquels il est intervenu , et se charge de les leur faire parvenir. Il donne , au bas de l'ordonnance , une reconnaissance de cette remise. (Art. 171.)

Pour justifier au Receveur des finances de l'exécution des dispositions contenues dans l'article 170, le percepteur doit dresser , à la suite du bordereau qu'il a reçu avec les ordonnances de décharges , un état qui présente , par ordonnance et par contribuable , le montant des dégrèvements accordés et l'emploi de ces dégrèvements , soit au paiement des côtes de l'exercice que l'ordonnance concerne , soit au paiement d'articles ouverts dans les rôles d'autres exercices , soit à titre d'excédants à rembourser aux contribuables. (Art. 173.)

Il tient un carnet (modèle n° 183) où il enregistre la réception et l'emploi des ordonnances de dégrèvements , ainsi que les remboursements faits aux contribuables sur les excédants constatés à leur profit. Ce carnet sert de minute pour le bordereau sus-mentionné. (Art. 174.)

Passé le 30 novembre de la 2°. année de l'exercice aucun remboursement ne peut plus être fait par le percepteur.

Si , à l'expiration de l'année pendant laquelle les excédants ont été constatés , les contribuables ne s'étaient pas présentés pour en réclamer le remboursement , le percepteur devrait en appliquer le montant au paiement de leurs côtes de l'année suivante et verser pour comptant à la recette des finances les états émargés par les contribuables , ou , à leur défaut , par les maires. (Circ. de la Comptabilité générale du 27 février 1847.)

Le percepteur ne doit pas perdre de vue que les excédants provenant d'ordonnances délivrées dans le cours d'une année sont applicables à cette même année. (Même circ.)

Les dispositions ci-dessus ne s'appliquent qu'aux remboursements à faire en vertu *d'ordonnances de dégrèvements* ; les restitutions auxquelles les contribuables auraient droit pour des sommes versées *par erreur* en excédant de leurs côtes , s'opèrent , soit par une imputation au rôle de l'exercice suivant , soit par une réduction de recette dans les écritures des percepteurs , sauf à lui à en justifier , dans ce dernier cas , au Receveur des finances , par une quittance spéciale du contribuable auquel il aurait fait un remboursement en numéraire. (Art. 179.)

Le percepteur doit tenir, pour chaque commune, *le cahier de notes* prescrit par l'instruction pour le service des mutations, en date du 8 novembre 1846, et ceveur des Contributions directes, par l'intermédiaire du Receveur des finances. Concours au travail du contrôleur et des répartiteurs.

y inscrire tous les renseignements parvenus à sa connaissance sur les changements à opérer dans les rôles.

Il doit adresser au Receveur des finances, dans les dix premiers jours de chaque trimestre, un extrait de ce cahier indiquant :

1° Les rectifications à faire au rôle dans la désignation et l'inscription des noms, prénoms, surnoms, demeures et professions des contribuables. (Il n'y a besoin de les désigner qu'à une des contributions comprises dans le même article.)

2° Les faux ou doubles emplois commis dans les cotisations qui leur sont assignées ;

3° Les mutations survenues dans les propriétés, par suite de décès, héritage, partage, acquisition ou échange ;

4° Les radiations à faire pour cause de décès, absence ou indigence ;

5° Les contribuables nouvellement domiciliés dans la commune ;

6° Les propriétaires de maisons ou usines construites, reconstruites ou démolies en tout ou partie ;

7° Les patentables non imposés ou cotisés sous une dénomination inexacte ;

8° En un mot, tout ce qui peut mettre le contrôleur sur la voie des améliorations dont l'assiette des contributions est susceptible.

Toutes les fois que le percepteur va dans les communes, il doit être muni de son cahier de notes, pour y inscrire les déclarations de mutations qui lui sont faites par les propriétaires, ainsi que les renseignements divers qui parviennent à sa connaissance, touchant l'assiette des contributions, notamment à l'égard des constructions nouvelles et des patentables nouvellement établis.

Le percepteur doit assister, avec exactitude, à l'assemblée des répartiteurs et y apporter ses rôles de l'année courante, ainsi que son cahier de notes pour faciliter le travail des mutations. (Instr. de l'Ad^n. des Contr. dir. du 9 novembre 1846 et Circ. de la Compt. g^le. du 28 janvier 1847.)

12
Marche à suivre pour les remboursements de frais de timbre, de formules de patentes, et pour les formules non distribuées. Imputation d'exercice.

Dans le cas de remboursement aux contribuables du prix de formules de patentes, pour cause de *décharge* ou de *remise entière* de leur cote, le percepteur doit faire apposer leur acquit sur les formules rendues par eux. Il verse pour comptant au Receveur des finances les formules ainsi quittancées, avec les ordonnances auxquelles elles se rapportent. Aucun remboursement ne pourrait être fait au contribuable qui ne représenterait pas sa formule. (Art. 514.)

Les formules, *qui n'ont pas été délivrées aux contribuables*, sont également remises pour comptant au Receveur des finances avec les ordonnances concernant les contribuables désignés dans les formules. Le percepteur y joint une quittance à souche constatant qu'il s'est chargé en recette du prix desdites formules. (Art. 514.)

Les formules de patentes du 4ᵉ trimestre comme les *rôles* eux-mêmes prennent la désignation de l'exercice de l'année pendant laquelle les rôles auxquels elles se rattachent ont été émis.

13.
Taxe annuelle des biens de main-morte. Mode de comptabilité. Compte à ouvrir. Renseignements à consigner sur le cahier de notes.

La taxe spéciale des biens de main-morte fait l'objet d'un compte particulier, ouvert à la 2ᵉ section du livre des comptes divers , avant celui des *rétributions pour la vérification des poids et mesures*. Les sommes perçues et versées doivent être portées , tant au journal à souche qu'au livre récapitulatif, dans la colonne des produits divers. (Instr. de la Compt. gᵉ. des fin. du 5 avril 1849.)

Le percepteur doit recueillir sur son cahier de notes tous les renseignements qui viennent à sa connaissance , et qui seraient nécessaires au contrôleur pour l'établissement des rôles de la taxe dont il s'agit.

Les rôles sont homologués par le Préfet , transmis au percepteur, publiés et recouvrés comme ceux des Contributions directes , et les demandes en décharge et réduction sont présentées , instruites et jugées dans les formes et délais prescrits pour la contribution foncière. (§. 9 et 11 de la Circ. précitée.)

14.
Redevances des mines.

Les rôles des redevances des mines sont publiés comme ceux des contributions directes (Art. 202.) Le recouvrement de ces redevances et les poursuites auxquelles il donnerait lieu sont soumis au mode établi pour les contributions directes. Seulement lorsque le terrain occupé par une mine embrasse plusieurs communes , le percepteur de la commune où sont situés les bâtiments , usines et maisons de direction, est seul chargé du recouvrement (Art. 204.)

15.
Rétributions pour la vérification des poids et mesures. Délais et formalités pour les demandes en décharge et réduction présentées par les contribuables et par le percepteur.

Les individus, assujétis à la taxe pour vérification des poids et mesures, obtiennent, suivant le même mode que pour les Contributions directes, la *décharge entière* de leur cote, s'il est reconnu qu'ils ne devaient pas être compris dans le rôle des rétributions; ou une *réduction*, lorsqu'ils y ont été compris pour une taxe plus forte que celle qui résulte de l'assortiment des poids et mesures assignés à leur profession, ou, enfin, des *remises et modérations*, s'ils sont reconnus hors d'état de payer.

Les demandes en *décharge* et *réduction*, à former par les contribuables doivent être présentées , pour chaque commune, *dans les trois mois qui suivent la publication des rôles*, et les demandes en remise et modération, *avant l'expiration de l'année de l'émission de ces mêmes rôles.*

Les demandes du percepteur pour l'admission en non-valeur des taxes *indûment imposées* et des taxes *irrécouvrables* font l'objet d'un seul et même état (modèle Nº 51), à présenter dans les *trois premiers mois de l'année qui suit celle pendant laquelle les rôles ont été publiés*. (Art. 228.)

16.
Droits de permis de chasse.

Les personnes qui veulent obtenir un permis de chasse doivent préalablement

Mode de comptabilité. Compte à ouvrir pour la portion revenant au Trésor. État des parties reçues à recouvrer au Receveur des finances. Imputation d'exercice à donner aux recouvrements. Délai dans lequel les quittances doivent être produites pour obtenir les permis.

consigner à la caisse du percepteur une taxe de 25 fr., dont 15 fr. reviennent au Trésor et 10 fr. à la commune de la résidence du demandeur.

Le percepteur fait recette directement, au nom de la commune intéressée, des 10 fr. recouvrés à son profit. Cette recette s'ajoute aux revenus ordinaires et forme dans le budget un article distinct, sous le titre de *Portion revenant à la commune dans les produits de permis de chasse*. Un état détaillé des droits perçus doit être produit comme justification de la recette totale dans les comptes annuels du receveur.

Quant au droit de 15 fr. concernant le Trésor, le percepteur le constate à un compte ouvert à la 2ᵉ section du livre des comptes divers sous le titre de *Droits de permis de chasse appartenant au Trésor*. Le comptable doit toujours comprendre, dans son plus prochain versement à la Recette des finances, ses recouvrements sur ce produit qui fait l'objet d'un état détaillé à transmettre à la Recette générale.

L'année pendant laquelle le permis a été délivré détermine l'imputation d'exercice à donner aux recouvrements.

Le percepteur doit prévenir les parties versantes que ses quittances ne sont valables pour l'obtention du permis qu'autant qu'elles seront produites à la préfecture *dans le délai d'un mois à partir de leur date*. (Art. 540 bis et cir. de la comptabilité générale du 8 août 1849.)

17.
Recouvrement des rentes et créances appartenant à des établissements de bienfaisance étrangers à l'arrondissement de perception.

Lorsque le percepteur est chargé de recouvrer, pour le compte d'un hospice ou établissement de bienfaisance étranger à son arrondissement de perception, des rentes en argent, ou toute autre créance, il verse au Receveur des finances les fonds recouvrés, déduction faite des remises auxquelles il a droit, en vertu de l'arrêté préfectoral du   , qui fixe ces remises à   p. 0/0 pour les capitaux, et à   p. 0/0 pour les rentes annuelles. Il souscrit une déclaration des remises retenues, et il la remet au Receveur des finances, avec le net du recouvrement. (Art. 907.)

Le percepteur n'a besoin d'aucune procuration des receveurs d'hospices, pour recouvrer les rentes et créances dues à ces établissements. Il a qualité pour libérer valablement les débiteurs et pour exercer contre eux des poursuites qui ne doivent pas être poussées au-delà de la saisie-exécution ou de la saisie-brandon, sans le consentement de l'administration intéressée qui, informée des faits, donne à l'affaire les suites qu'elle juge convenables. — Il convient, du reste, d'assurer, autant que possible, les recouvrements sans aucune poursuite et de faire, à cet effet, toutes les démarches nécessaires. — Le percepteur est responsable des non-valeurs qui résulteraient de sa négligence, ainsi que des prescriptions et péremptions encourues par suite du défaut de renouvellement des titres et des inscriptions hypothécaires. Toutefois, il n'encourt de responsabilité pour la péremption des titres dont il est détenteur que s'il a été requis de faire les actes conservatoires *six mois avant l'expiration des délais*. (Art. 905).

Le percepteur est tenu d'accuser immédiatement réception des effets qui lui sont envoyés par le Receveur des finances. (Art. 955.)

Il enregistre ces effets avec détail sur le livre des comptes divers (2ᵉ section) à un compte intitulé : *Effets à recouvrer pour le compte du Receveur des finances*; il donne à chaque effet un numéro d'ordre; il fait ensuite recette à ce compte, des effets qu'il recouvre, en rappelant la date et le nᵒ d'ordre de chaque effet recouvré; il enregistre dans des colonnes spéciales du même compte, la date et le montant des versements qu'il fait, au Receveur des finances, du produit des effets encaissés, et procède, *par déduction des titres de perception*, pour les effets qu'il renvoie impayés. (Art. 1266.)

Le recouvrement des contraintes étrangères à la perception doit être aussi prompt que les circonstances le permettent. Le percepteur doit, *dans le délai d'un mois au plus tard*, verser à la Recette des finances, le montant des sommes recouvrées, déduction faite de ses remises à 1 1/2 p. 0/0 pour lesquelles il souscrit une déclaration de retenue, ou renvoyer les pièces avec ses observations.

Si l'exécution des contraintes exige des poursuites, on doit les faire précéder de la *sommation sans frais*. — On procède ensuite, soit par *garnison collective*, si le percepteur intéressé au recouvrement de la contrainte réside dans le même arrondissement que celui chargé de la faire exécuter, soit par *commandement*, si le percepteur est étranger à l'arrondissement.

En cas de déménagement ou de vente volontaire ou forcée, la contribution personnelle et mobilière, et celle des patentes sont exigibles *pour la totalité de l'année courante* (art. 44) ; d'où il suit que, lorsqu'une contrainte a pour objet des contributions de l'espèce, le percepteur ne doit pas se contenter du simple paiement des douzièmes échus.

Les contributions, qui ont donné lieu aux contraintes, étant recouvrées, le percepteur s'en charge en recette à titre de *produits divers* et délivre à la partie versante une quittance détachée du journal à souche, et lorsqu'il en fait le versement au Receveur des finances en échange de son récépissé à talon, il lui remet, en même temps, les contraintes émargées *de la somme encaissée, de la date et du numéro de la quittance*.

L'enregistrement, le recouvrement et le versement des contraintes sont constatés à un compte ouvert à la 2ᵉ section du livre des comptes divers sous le titre de *Recouvrements de contributions en vertu de contraintes, pour le compte de divers comptables*, et le percepteur procède, comme pour les effets de commerce, *par déduction des titres de perception*, pour les contraintes qu'il renvoie impayées.

Dans le cas d'impossibilité de recouvrement, le percepteur doit renvoyer les contraintes à la recette des finances avec des certificats du maire ou autres pièces justifiant de cette impossibilité, ou l'indication des motifs de refus de la part des contribuables.

20.
Contraintes dont le percepteur demande la délivrance. Renseignements qu'elles doivent contenir et pièces à y annexer.

Quand le percepteur est dans le cas de faire poursuivre le recouvrement de contributions ou taxes locales dues par des contribuables domiciliés hors de l'arrondissement de Sous-Préfecture dont il dépend, il prépare lui-même les contraintes, qu'il envoie ensuite au Receveur des finances, appuyées d'extraits de rôles, certifiés par lui, qui ne doivent contenir d'autres indications que celles portées aux rôles. Il doit donner, dans la colonne à ce destinée, les renseignements les plus précis sur la demeure actuelle du contribuable, et ne porter plusieurs contribuables sur la même contrainte que lorsqu'il est bien sûr qu'ils sont tous domiciliés *dans la même perception.*

S'il s'agit d'un impôt foncier, la contrainte doit être accompagnée d'un certificat du maire de la commune où le contribuable est imposé, constatant que celui-ci n'est représenté dans la commune, ni par un régisseur, ni par un fermier, ni par un locataire, et qu'il n'y possède aucun fruit saisissable.

21.
Délai accordé au percepteur pour apurer et solder les rôles de chaque exercice.

Le percepteur est tenu de solder, de ses deniers personnels, le   décembre, les contributions de toute nature et les produits accessoires tels que les frais de poursuites et de formules de patentes, dont il n'aurait pas effectué le recouvrement à l'expiration de la 3ᵉ année de l'exercice (Art. 76, 966 et 967.)

SERVICE DES DÉPENSES

POUR LE COMPTE

DU RECEVEUR GÉNÉRAL ET DU PAYEUR.

PAIEMENTS POUR LE COMPTE DU RECEVEUR GÉNÉRAL.

22.
Paiement de pension à la charge de la caisse des dépôts et consignations. Mention que doivent contenir les certificats de vie et la quittance des parties prenantes. Inscription des paiements sur les titres de pensions.

Un pensionnaire ne peut être payé que sur l'exhibition de son titre de pension au dos duquel chaque paiement doit être annoté conformément à l'article 9 de la loi du **22** floréal an **VII**. Si le paiement se fait à un fondé de pouvoirs, la procuration doit être jointe à la quittance qui est souscrite au nom du Receveur des finances *pour le compte de la Caisse des dépôts et consignations.*

Le titulaire de la pension doit produire un certificat de vie, délivré par un notaire ou par le maire de la commune où il réside, mentionnant la déclaration *qu'il ne jouit d'aucun traitement, soit à la charge de l'État, soit à la charge des communes, qui, réuni à sa pension, excéderait 700 fr. ou qu'il ne jouit d'aucun traitement, sous quelque dénomination que ce soit, à la charge de l'État ou des communes.* — Les veuves devront ajouter à cette déclaration *qu'elles sont en état de viduité.*

Les certificats de vie délivrés aux *pensionnaires des douanes sont seuls exempts du timbre.*

Les certificats de vie délivrés par les *maires* doivent être légalisés par le Préfet ou le Sous-Préfet ; ceux délivrés par les *notaires* sont exempts de cette formalité, lorsqu'il en est fait usage dans le département : Les uns et les autres doivent être scellés.

23.
Paiements de fonds de subvention aux Receveurs des postes. Formalités à observer. Envoi du talon de récépissé à l'Inspecteur des postes.

Lorsque le percepteur paie à un Directeur des postes un mandat de fonds de subvention, sur la représentation d'un bordereau détaillé (modèle n° 125), des dépenses pour le paiement desquelles les fonds sont nécessaires, il détache le talon du récépissé délivré par le Directeur et l'envoie immédiatement, sous bandes croisées et contre-signées, à l'Inspecteur des postes du département. — Quant au récépissé, il le comprend dans son plus prochain versement à la Recette des finances. (Circulaire du 10 mars 1847.)

24.
Recommandation générale.

En cas de décès de *pensionnaires sur le fonds de retenue*, de *militaires congé-diés* et de *légionnaires*, le percepteur devra s'abstenir de tout paiement à leurs héritiers, même sur la production des pièces établissant leurs droits. Il se bornera à les inviter à adresser leur demande, accompagnée des pièces d'hérédité, soit aux Ministres ou Chefs d'Administration respectifs, pour les *pensions de retrai-tes* ; soit au Directeur général de la Caisse des dépôts et consignations pour les *fonds de masse* ; soit, enfin, au Grand Chancelier de la Légion d'Honneur pour les *traitements de la Légion d'Honneur*.

PAIEMENTS POUR LE COMPTE DU PAYEUR.

25.
Règles générales.

Le percepteur doit faire, sur les fonds de ses recettes, tous les paiements pour lesquels le payeur est dans le cas de réclamer son concours près du Receveur général.

Ces paiements ne peuvent être valablement effectués que sur la présentation, soit des lettres d'avis ou des mandats délivrés au nom des créanciers ; soit de toute autre pièce en tenant lieu, revêtue du *Vu bon à payer* apposé par le payeur. Ce visa n'est jamais *conditionnel*. Toutes les pièces à l'appui des mandats restant entre les mains du payeur, il n'y a jamais lieu de les réclamer aux parties.

Le percepteur doit fixer son attention sur les dates de clôture d'exercice qui sont désignées en tête des mandats ou par un *nota* placé devant l'acquit, et refuser le paiement de tous ceux qui ne pourraient parvenir au payeur en temps utile.

L'observation des règles ci-dessus et la quittance régulière et datée de chaque partie prenante dégagent la responsabilité du comptable-payant. (Art. 564.)

26.
Paiements des arrérages de rentes sur l'État.

Sur la demande des rentiers sur l'État, le percepteur doit leur prêter son con-cours pour le recouvrement des arrérages qui leurs sont dus. Il adresse les titres et les quittances au Receveur des finances qui garde les unes et renvoie les autres estampillés, avec un mandat, ou un récépissé sur contributions, de la somme à payer aux rentiers. (Art. 565.) Le Receveur des finances pourvoit le percep-teur des formules de quittances dont il peut avoir besoin.

27.
Versement de pensions à la Caisse de l'État.

Le percepteur est également tenu de prêter son ministère pour la transmission au payeur, par l'intermédiaire du Receveur des finances, et le renvoi, sans frais, des titres et certificats de vie ayant pour objet le recouvrement des arrérages de pensions à payer sur les fonds généraux du Trésor. (Décision du Ministre des finances du 30 octobre 1847 et Circ. de la dette inscrite du 20 novembre 1847.)

Il doit payer ces arrérages aussitôt que les brevets et les certificats de vie lui sont envoyés.

28.
Paiement des intérêts annuels de cautionnements. — Mention à faire du paiement sur le certificat d'inscription et du n° du titre sur la quittance.

Le comptable-payant doit exiger des titulaires de cautionnements, des bailleurs de fonds et des porteurs d'actes de transport, la représentation de leurs certificats d'inscription ou de privilége, et d'une expédition des actes de transport, afin de s'assurer de l'identité des parties qui se présentent et relater sur la quittance le numéro de l'inscription. Il mentionne le paiement sur l'un ou l'autre de ces titres, et constate sur les quittances qu'il a fait cette mention.

Aucun paiement ne doit être fait, en cas de décès, aux héritiers des titulaires portés sur les quittances qui ne sont valables que pour les paiements à faire aux titulaires en fonctions. (Art. 581 et 582.)

29.
Paiements pour le service de la guerre.

Les paiements des mandats pour *frais de route* ou pour *avances*, délivrés au profit des militaires isolés, donnent lieu à quelques dispositions particulières qui sont mentionnées aux articles 576, 577 et 578 de l'Instruction générale : le percepteur s'y conformera exactement.

30.
Dispositions communes à tous les paiements.

Cas où les parties prenantes sont illettrées.

Lorsque les parties prenantes déclarent ne savoir signer et que la somme à payer *ne dépasse pas* 150 *fr.*, le percepteur, qui effectue le paiement, est tenu de faire certifier par deux témoins la déclaration du porteur du mandat et le fait du paiement, et d'apposer, à côté de ce certificat, sa propre signature, en mentionnant sa qualité, afin d'attester que la formalité s'est accomplie en sa présence; il est responsable de l'exécution de ces dispositions. La mention dont il s'agit peut avoir lieu dans ces termes : *La partie prenante ayant déclaré ne savoir signer, a été payée en présence des deux témoins soussignés.* (Décret du 18 messidor an 2). Lorsqu'il s'agit d'un mandat pour fournitures à l'État *dont le montant excède* 150 *fr.*, la quittance doit être notariée et enregistrée au droit fixe de 1 fr.

Quittances pour indemnités de terrains acquis par l'État.

Les quittances relatives à des indemnités de terrains acquis par l'État peuvent être données, lorsqu'elles excèdent 150 fr. dans la forme des Actes administratifs en exécution de l'art. 56 de la loi du 7 juillet 1833 ; elles sont enregistrées et timbrées gratis conformément à l'art. 58 de la même loi.

Cas où la preuve testimoniale est admise pour des paiements excédant 150 fr.

La preuve testimoniale est admise pour des sommes supérieures à 150 fr. lorsqu'il s'agit de paiements de secours accordés à titre gratuit, de pécule de condamnés illettrés et de prix d'achat de chevaux pour le service de la remonte.

Acquits à donner pour ordre.

La délivrance d'une quittance à souche par le comptable qui a reçu les fonds, ne le dispense pas d'acquitter le mandat pour ordre et par duplicata.

Timbre des mandats.

Le percepteur doit s'assurer que les ordonnances ou mandats qui, à raison de la nature et du montant de la dépense, portent la mention à *timbrer*, ont été, avant leur présentation à l'acquittement, frappés du timbre de dimension, ou visés pour valoir timbre. Le comptable est responsable si l'une ou l'autre formalité a été omise avant le paiement.

Lorsque les titres, factures ou mémoires *portant quittances*, sont timbrés, ou que la quittance est fournie séparément sur papier timbré, l'acquit, donné pour ordre au bas des ordonnances ou mandats, n'entraîne pas la nécessité du timbre de ces pièces. (Art. 590.)

Individualité des parties prenantes. — Le percepteur, lorsqu'il acquitte une ordonnance ou un mandat visé payable sur sa caisse, doit mettre tous ses soins à s'assurer que c'est bien au créancier réel de l'État qu'il effectue le paiement. Il est tenu de lui faire dater et signer la quittance en sa présence. *Il peut*, au besoin, exiger la légalisation des signatures qui ne lui sont pas suffisamment connues (1) (Circ. de la Compt. g^{le}. des 26 janv. 1832 et 24 janv. 1839.)

Ratures et altérations. — Les lettres d'avis, ordonnances et mandats présentés au percepteur pour être acquittés, sur lesquels les noms des parties, ou les dates, ou les sommes paraissent *grattés*, *altérés* ou *raturés*, sont réputés nuls s'il n'y a approbation (Rég. des fin. de 1846 pages 169 et suiv.)

Titulaires décédés. — Lorsqu'une personne au profit de laquelle un mandat ou une ordonnance a été délivré, a cessé d'exister, le paiement de ce mandat ou de cette ordonnance est suspendu. Il ne peut plus être fait qu'aux héritiers ayant justifié *au payeur* de leurs droits par la production des actes d'hérédité (2)

Procurations. — Il est permis à la partie prenante désignée sur un mandat ou une ordonnance qui n'en peut elle-même toucher le montant, de donner pouvoir de toucher ce que l'État a à lui payer. (Code civil, art. 1984.) — La procuration ne peut être donnée que par la personne ayant droit de recevoir (le créancier réel) et non par un autre. Le pouvoir doit être *spécial* pour toucher la somme à payer, ou au moins général pour le recouvrement de toutes les sommes qui pourront être dues au mandant et en donner quittance (Code civil art. 1988 et Inst. des fin. du 1er janv. 1810). — Si la procuration est sous seing-privé, la signature du mandant doit être légalisée par le Maire et celle du Maire par le Préfet ou le Sous-Préfet.

---

(1) Un mandat n'est pas plus un billet au porteur qu'un effet de commerce. Il est payable *à la partie désignée* et non à une autre personne, à moins que celle-ci n'ait qualité suffisante. (Circ. de la Compt. g^{le} du 30 décembre 1835.)

(2) L'acte de décès sur timbre et légalisé et un certificat de propriété (Sur timbre et enregistré) délivré, suivant le cas, soit par le juge de paix, soit par un notaire, conformément à la loi du 28 floréal an 7).

Puis, ensuite, cette procuration doit être enregistrée. (Loi du 25 ventôse an 11 et Circ. du 17 décembre 1834).

Les acquits constatant les paiements faits par le percepteur pour le service du payeur doivent être compris dans son plus prochain versement à la Recette des finances. (Art. 591.) Il doit tenir note du montant de ces acquits pour le faire connaître au Receveur des finances lors de sa tournée d'inspection.

31.
Délai pour le versement des acquits à la Recette des finances. Note à tenir du montant de ces acquits.

SERVICE MUNICIPAL.

Tout paiement aux communes sur le produit de leurs impositions locales et de leurs attributions, exige la délivrance par le receveur municipal d'une quittance extraite de son journal à souche. En conséquence, le percepteur-receveur municipal doit apporter à la Recette des finances son livre à souche, toutes les fois qu'il y a lieu d'établir la liquidation des sommes à retenir par lui sur ses recettes au profit des communes. (Art. 186.)

32.
Allocation des recettes communales.

Lorsque les besoins du service exigent qu'une partie ou la totalité des fonds placés soit remboursée par le Trésor, le receveur en présente la demande au maire, qui peut autoriser, pour chaque mois, le remboursement de toute somme égale à *un douzième de ses revenus ordinaires, suivant le budget de l'année, et jusqu'à concurrence de 300 francs, lorsque le douzième ne s'élève pas à cette dernière somme.* — Les Sous-Préfets peuvent autoriser le remboursement, par mois, d'une somme égale au montant de *deux douzièmes des revenus ordinaires et jusqu'à concurrence de 1,000 francs, lorsque les deux douzièmes ne s'élèvent pas à cette dernière somme.* — Le Préfet autorise le remboursement de sommes supérieures, *quelle qu'en soit la quotité.* (Art. 629.)

33.
Remboursement des fonds placés au Trésor.

Le livre des comptes divers doit être représenté au Receveur des finances, pour que celui-ci y inscrive *lui-même* le montant de chaque remboursement. (Art. 630.)

Indépendamment des quittances données aux parties versantes, le receveur doit émarger les paiements sur les titres de recettes. (Art. 729.)

34.
Émargement des paiements sur les titres de recettes.

35.
Refus par la partie versante de recevoir une quittance timbrée.

Lorsque, dans les cas spécifiés à l'article 732 de l'Instruction générale, la quittance doit être timbrée, *le prix du timbre est à la charge de la partie versante;* si elle se refuse à le payer, la recette ne doit pas être inscrite sur le livre à souche spécial (modèle n° 184); elle l'est seulement sur le livre à souche ordinaire, dont la quittance *est biffée sans être détachée*, et il n'est fourni ni reçu, ni quittance à la partie versante. Mention du refus dont il s'agit doit être faite sur la quittance biffée. La partie versante conserve le droit de prendre elle-même, d'après l'indication du receveur, le numéro de l'article du journal à souche, où le paiement est inscrit, de manière à pouvoir réclamer plus tard, si elle le jugeait convenable, une quittance timbrée dont elle supporterait les frais. (Art. 734.)

36.
Conservation des biens et re-
venus, à produire avec le
compte de gestion.

Pour justifier de l'accomplissement des obligations qui lui sont imposées par l'article 736 de l'Instruction générale, le receveur municipal doit produire, avec son compte annuel, dans la forme du modèle n° 146 bis, un état des propriétés foncières, des rentes et des créances mobilières qui composent l'actif de la commune. Cet état doit indiquer la nature des titres, leurs dates, celles des inscriptions hypothécaires prises pour leur conservation; il doit donner des renseignements concernant les baux, les titres de créances, les constitutions de rentes sur particuliers et les inscriptions de rentes sur l'État; il doit, en outre, s'il y a des procédures entamées, faire connaître sommairement la situation où elles se trouvent; l'état ainsi établi, est certifié conforme par le receveur et visé par l'administration municipale qui y joint ses observations.

37.
Coupes ordinaires des bois.

La vente des bois des communes a lieu par voie d'adjudication devant le Préfet ou le Sous-Préfet de l'arrondissement dans lequel les coupes sont situées, et en présence d'un représentant délégué par les communes. Les coupes dont l'évaluation n'excède pas 500 fr., peuvent être adjugées dans la commune propriétaire sous la présidence du Maire. — Le cahier des charges indique le mode et les époques du paiement à faire aux communes par les adjudicataires. Ce paiement peut être fait immédiatement en numéraire, ou en traites à des échéances qui sont ordinairement les 31 mars, 30 juin, 30 septembre et 31 décembre de l'année qui suit celle de l'adjudication. (Art. 750.)

Le versement du *décime par franc* à faire à la commune, en sus du prix de vente, peut avoir lieu à la caisse du Receveur des finances qui le reçoit alors à titre de *placement par la commune au trésor public* et qui en délivre, à l'adjudicataire, comme de fonds reçus *du Receveur municipal*, un récépissé à échanger contre la quittance à souche de ce dernier comptable; celui-ci doit faire recette des fonds comme produits de bois et en faire dépense comme placement au trésor. (Art. 751.)

Il peut être procédé de la même manière à l'égard des *frais accessoires des ventes*, lorsque le cahier des charges impose aux adjudicataires l'obligation de les verser aux mains du receveur qui demeure, dans ce cas, chargé de payer ces frais aux ayants-droit sur les mandats du Maire. (Art. 752.)

Le prix principal des coupes est recouvré directement par le receveur municipal qui doit assister aux adjudications et reconnaître, conjointement avec les administrateurs de la commune, la solvabilité des adjudicataires et de leurs cautions. Ce recouvrement est appliqué à l'exercice qui prend sa désignation de l'année pendant laquelle les ventes ont été faites. En cas de retard dans le paiement du prix des coupes aux échéances déterminées, le Receveur municipal exerce les poursuites dont le mode est tracé à l'art. 737 de l'Instruction générale. (Art. 753.)

En attendant les échéances, les traites doivent être déposées chez le Receveur des finances qui les renvoie ensuite au Receveur municipal chargé d'en encaisser le montant. (Art. 754.)

38.
Coupes affouagères.

Indépendamment des coupes et ventes de bois dont il s'agit, les communes peuvent faire des coupes affouagères dont les conseils municipaux règlent la distribution entre les habitants, ou qui sont vendues, sur l'autorisation du Préfet, pour subvenir à l'insuffisance des ressources pour le paiement des gardes champêtres et forestiers, ou d'autres charges concernant les biens en jouissance commune. — Les règles de comptabilité et les poursuites à exercer sont indiquées aux art. 735 à 738 de l'Inst. g¹ᵉ., que le receveur voudra bien étudier pour s'y conformer exactement.

39.
Produits accessoires de coupes de bois.

Les produits accessoires des bois des communes, dont la nomenclature est donnée à l'art. 759 de l'Inst. g¹ᵉ., sont versés dans la caisse des communes propriétaires, conformément aux règles établies par les art. 760 à 763 de la même Instruction.

40.
Rôles de prestations en nature pour les chemins vicinaux. Rappel des obligations imposées au comptable pour le recouvrement et l'apurement de ces rôles.

Le receveur municipal doit se conformer exactement, pour le recouvrement et l'apurement des rôles de prestations en nature, aux arrêtés ou circulaires du Préfet pour l'exécution de la loi du 21 mai 1836 et notamment aux dispositions de l'art. 772 de l'Instruction générale, relatives : 1° aux avertissements à remettre aux redevables ; 2° au concours à prêter aux Maires pour l'enregistrement des déclarations d'option pour la prestation *en nature* ou celle *en argent* ; 3° à la mention de ces déclarations sur le rôle ; 4° aux extraits du rôle à remettre au Maire dans la quinzaine qui suit le délai d'option ; 5° au recouvrement des taxes en argent ; 6° aux poursuites à exercer ; 7° aux écritures à passer lors de la réception des extraits du rôle émargés, par les surveillants des travaux, des prestations acquittées en nature ; 8° à l'admission des ordonnances de décharge en paiement de la cote ouverte au rôle, ou à leur remboursement s'il y a lieu ; 9° aux rectifications à faire sur le rôle lorsque le prestataire ne s'acquitte pas exactement des journées de travail ou tâches qui lui sont imposées.

Le recouvrement, soit en nature, soit en argent, doit être terminé dans le délai accordé par l'ordonnance du 1er mars 1855, c'est-à-dire, dans les quinze mois de l'exercice. En conséquence, si, au 31 mars, époque de la clôture de l'exercice, les rôles n'étaient pas entièrement soldés, le comptable pourrait être forcé en recette des restes à recouvrer, sauf à lui à exercer son recours contre les débiteurs, ou à se pourvoir auprès des conseils municipaux pour obtenir l'admission en non-valeurs des sommes restées à sa charge, suivant la règle tracée par la Circ. du Min. de l'Intérieur du 18 novembre 1845. (Art. 772 § 10 et 12.)

41.
Recouvrement des rétributions des élèves des écoles primaires. Compte à ouvrir. Retenues du 20e et intérêts capitalisés à inscrire sur le livret de l'instituteur.

Le receveur prend charge, à la 2e section du livre des comptes divers, du montant intégral des rôles de rétributions des élèves des écoles primaires; il doit émarger exactement sur ces rôles les paiements faits, soit à l'instituteur, soit à lui-même, faire connaître aux maires le premier jour de chaque trimestre, le montant des sommes qui lui ont été versées et conserver, dans sa comptabilité, pour ce produit, la distinction des exercices. Il doit remettre au Receveur des finances, *dans la première dizaine d'avril*, un état présentant, par commune, le produit des rétributions pendant l'exercice expiré, tant sur les rôles propres à cet exercice que sur les reports de l'exercice précédant. (Règlement du 12 avril 1847 et Circulaire du 26 du même mois.)

Le receveur doit aussi inscrire régulièrement sur le livret des instituteurs primaires, le montant des retenues du 20e opérées sur leur traitement, ainsi que les intérêts capitalisés chaque semestre. (Art. 7 de l'Ordonnance du 13 février 1838 et 480 de l'Instruction générale. Il doit comprendre le produit de ces retenues dans son plus prochain versement à la recette des finances et en fournir le bordereau détaillé.

42.
Subventions de l'État ou du département pour le traitement des instituteurs primaires. Certificat de constatation à exercer au Préfet pour être payé au mandat.

Les mandats relatifs aux subventions que l'État ou le département alloue aux communes pour le *traitement des instituteurs primaires* ne sont visés payables qu'autant qu'ils sont accompagnés d'un certificat des membres du comité local de surveillance de l'école constatant que l'instituteur est resté en fonctions pendant le temps auquel s'applique le mandat. Le receveur municipal doit provoquer la délivrance de ces certificats qu'il fait passer au Préfet par l'entremise du Sous-Préfet de son arrondissement (Art. 843.)

43.
Versement à la Recette des finances des rétributions municipales.

Les fonds à fournir par les communes pour leur contingent dans la dépense des mois de nourrice et pensions des enfants trouvés ou abandonnés, les frais de registres de l'état civil et autres dépenses à titre de *cotisations municipales*, sont ordonnancées par le maire au nom du Receveur des finances qui en délivre récépissé à talon et acquitte le mandat pour ordre. Ce récépissé doit rester joint au mandat. (Art. 859.)

44.
Ordonnancement des dépenses des communes. Règles générales.

Chaque crédit doit servir exclusivement à la dépense pour laquelle il a été ouvert ; les administrations locales ne peuvent en changer la destination sans une décision de l'autorité compétente. (Art. 846.)

Lorsque, dans le cours d'un exercice, les crédits ouverts par le budget sont reconnus insuffisants, ou lorsqu'il doit être pourvu à des dépenses non prévues lors de la formation du budget, les crédits supplémentaires doivent également être ouverts par des décisions spéciales. (Art. 847.)

Les crédits ainsi accordés pour un exercice sont affectés au paiement des dépenses qui résultent de *services faits* dans l'année qui donne son nom à l'exercice. Ils restent ouverts jusqu'au 31 mars de l'année suivante ; mais ce délai n'est accordé que pour compléter le paiement des dépenses auxquelles ils ont été affectés. Les crédits ou portions de crédits qui n'ont pu recevoir leur emploi à la clôture de l'exercice, sont annulés ou réservés, suivant les règles prescrites aux articles 717 et 718 de l'Inst. g^re (Art. 848.)

Aucune dépense ne peut être acquittée par le receveur municipal, si elle n'a été préalablement ordonnancée sur un crédit régulièrement ouvert (Art. 850.)

Les maires ou les adjoints qui les remplacent sont les seuls ordonnateurs des dépenses municipales. Leurs ordonnances ou mandats doivent énoncer l'exercice et le crédit auxquels ils s'appliquent ; ils sont délivrés au profit et au nom des créanciers des communes.

Si les maires refusaient d'ordonnancer une dépense régulièrement autorisée et liquidée, il serait prononcé par le Préfet en conseil de Préfecture, et l'arrêté du Préfet tiendrait lieu du mandat du maire. (Art. 851.)

Aucune dépense ne peut être ordonnancée *passé le 15 du mois de la clôture de l'exercice*, et les mandats non payés *dans les 15 jours suivants* sont annulés, sauf réordonnancement, s'il y a lieu, sur les reliquats de l'exercice clos (Art. 852.)

45.
Paiement des dépenses des comptables. Règles générales.

Les mandats du maire doivent, pour justifier la réalité de la dette et valider le paiement, être appuyés de toutes les pièces voulues par les règlements, et dont la nomenclature est donnée à l'article 1322 de l'Instruction générale. — Tout paiement, qui serait effectué sans l'accomplissement de ces formalités, resterait à la charge du comptable. (Art. 862.)

Le receveur municipal est autorisé à refuser le paiement des mandats dans le cas :

Ou la somme ordonnancée ne porterait pas sur un crédit ouvert ou excéderait ce crédit ;

Où les pièces justificatives seraient insuffisantes ou irrégulières ;

Ou il y aurait opposition dûment signifiée entre ses mains, contre le paiement réclamé ;

Enfin, ou par suite de retards dans le recouvrement des revenus, il y aurait insuffisance de fonds dans la caisse municipale. (Art. 864.)

Tout refus ou retard doit être motivé dans une *déclaration écrite* immédiatement délivrée par le receveur au porteur du mandat lequel se retire devant le maire, pour que ce dernier avise aux mesures à prendre ou à provoquer. (Art. 865.)

Le receveur qui refuse ou retarde indûment un paiement régulier, ou qui ne délivre pas au porteur du mandat, la déclaration motivée de son refus, est responsable des dommages qui peuvent en résulter et s'expose à la perte de son emploi. (Art. 866.)

Le comptable n'a pas qualité pour apprécier le mérite des faits auxquels se rapportent les pièces à l'appui de chaque mandat ; il suffit, pour garantir sa responsabilité, qu'elles soient visées, et par conséquent, attestées par l'ordonnateur. Si, cependant, il s'apercevait ou avait de suffisantes raisons de croire que l'ordonnateur a été trompé, il devrait, nonobstant l'apparente régularité des pièces, suspendre le paiement et avertir l'ordonnateur sans aucun retard ; mais si ce dernier lui donne alors l'ordre de payer, il doit s'y conformer immédiatement. (Art. 877.)

46
Visa des quittances et autres actes.

La nomenclature des pièces soumises au timbre, et de celles qui en sont exemptes, est donnée aux articles 871 à 876 de l'Instruction générale, et le tableau qui fait suite à l'article 1322, indique également, par l'initiale T, les pièces de la première catégorie.

Lorsque la commune n'a pas pris les mesures convenables pour faire payer les frais de timbre par qui de droit, elle doit faire porter ces frais dans son budget, comme les autres frais d'Administration, l'article 1248 du Code civil le mettant à sa charge. (Art. 877.)

47
Responsabilité générale pour les quittances

Les parties prenantes doivent dater elles-mêmes, autant que possible, leurs quittances et y désigner, non seulement le jour, mais encore la commune où le paiement a lieu. Le receveur municipal est tenu de veiller à l'accomplissement de cette formalité. (Art. 878.)

48
Responsabilité du Receveur aux adjudications et marchés

Les adjudications et marchés à faire pour le compte des communes doivent être passés par les maires assistés de deux membres du conseil municipal, et le

Receveur de la commune doit y assister ; les adjudications peuvent avoir lieu au chef-lieu de l'arrondissement à la charge par le Maire de s'y transporter pour procéder à l'opération accompagné des deux conseillers municipaux et du Receveur de la commune. (Art. 892.)

49.
Poursuites.

Les poursuites à exercer contre les débiteurs en retard et pour la rentrée des produits communaux assimilés, pour le recouvrement, aux contributions directes, sont indiquées aux articles 737 et 740 de l'Inst. g^{le}. Le comptable voudra bien s'y reporter et consulter, au besoin, le Receveur des finances s'il se trouve embarrassé.

Les frais de poursuites concernant la généralité des produits municipaux sont payés par le receveur à titre d'*avances à recouvrer* et figurent parmi les valeurs composant son encaisse. (Art. 738.) Ils sont l'objet, sur le livre des comptes divers, d'un compte spécial intitulé : *frais de poursuites pour le recouvrement des produits municipaux*, où le receveur doit enregistrer, comme titres de perception, les états constatant les frais payés et porter en recette les rentrées obtenues sur ces états. (Art. 1255.)

50.
Admission en non-valeurs des restes à recouvrer irrécouvrables.

Le conseil municipal, dans sa délibération relative au vote des chapitres additionnels, propose l'admission en non-valeurs de tout ou partie des restes à recouvrer dont la rentrée ne peut plus être espérée. Si cette délibération est approuvée, le receveur doit faire disparaître ces restes dans le compte de l'exercice qui suit immédiatement l'exercice clos, sans toutefois que le conseil de préfecture ou la cour des comptes perde le droit de forcer le comptable en recette s'il venait à être reconnu qu'il n'a pas fourni les justifications nécessaires. (Art. 1316, Circ. du Min. de l'Int. du 18 novembre 1845 et de la Compt. g^{le}. du 29 décembre suivant.)

51.
Contraventions à la loi sur le timbre. Responsabilité du receveur. Marche à suivre pour obtenir du ministre, décharge des amendes encourues.

Il importe peu que le receveur ait participé, ou non, à la confection des pièces qui sont en contravention à la loi sur le timbre ; le fait seul de leur *production* à l'appui du compte de gestion suffit pour donner lieu, de la part des agents vérificateurs de l'Administration de l'enregistrement, à la rédaction d'un procès-verbal de contravention et à la répétition, contre le receveur, des droits de timbre et de l'amende encourue, sauf son recours contre qui de droit pour le *droit* de timbre *seulement*.

Lorsqu'une contravention est relevée contre le comptable et qu'il ne veut pas, à raison de cette contravention, soutenir une action judiciaire, il est indispensable qu'il se pourvoie auprès du Ministre des Finances, par voie de pétition timbrée, pour obtenir décharge de l'amende. Cette marche est la seule qui soit autorisée toutes les fois que les parties appellent le Ministre à décider sur les demandes qui leur sont faites par l'Administration de l'enregistrement.

52.
Remboursement de cautionnement.

Les certificats de quitus de MM. les Préfets, Maires et Receveurs des finances, que le percepteur-receveur municipal aurait à fournir à l'appui d'une demande en remboursement de cautionnement ou d'application de cautionnement à la garantie d'une nouvelle gestion, sont délivrés sur papier libre.

SERVICE HOSPITALIER.

53.
Comptabilité des hospices et des établissements de bienfaisance.

Les dispositions de comptabilité municipale mentionnées ci-dessus sont applicables aux hospices et autres établissements de bienfaisance.

Un des membres de la commission administrative de chaque établissement est chargé des fonctions d'ordonnateur. (Art. 924.)

Le tableau des pièces de recettes et des pièces justificatives, timbrées ou non timbrées, à exiger à l'appui de chaque paiement, est donné à la suite de l'article 1322 de l'Instruction générale.

54.
Comptabilité en matière.

Si le receveur est chargé d'une comptabilité en matière, il doit tenir les livres prescrits par l'article 1241 de l'Instruction générale et se conformer, tant aux dispositions de cet article qu'à celles de l'Instruction du Ministre de l'Intérieur du 20 novembre 1836, n° 73.

FONDS PARTICULIERS DU COMPTABLE.

55.
Mode d'emploi du compte : fonds particuliers.

Lorsque le percepteur-receveur municipal se met en avance *de ses fonds personnels* sur un service quelconque, il doit verser ces fonds dans sa caisse et les inscrire en recette au compte : *fonds particuliers*

Il porte la recette au journal à souche ainsi qu'au livre récapitulatif dans la colonne des *produits divers*, et il s'en délivre à lui-même une quittance détachée du premier de ces registres.

L'envoi qu'il fait ensuite au Receveur des finances des fonds avancés par lui, figure en dépense dans sa comptabilité, mais seulement comme versement audit Receveur sur les contributions ou tout autre produit, de telle sorte que les excédants de versements sur tous les services, non compris, bien entendu, les avances à recouvrer qui figurent parmi les valeurs de portefeuille (1), correspondent exactement au solde créditeur du compte : *fonds particuliers*.

Lorsque le comptable opère dans sa caisse la reprise, à son profit, de tout ou partie de son avance, il fait dépense de la somme retirée au compte fonds particuliers, et il annote l'opération tant sur le livre récapitulatif qu'au dos de la quittance qu'il s'était délivrée lors du versement des fonds dans sa caisse.

La régularisation du compte fonds particuliers ne doit jamais être retardée au-delà de la fin du mois, afin que le bordereau de situation n° 197 bis présente toujours, à ce compte, un solde créditeur correspondant au chiffre des avances sur les divers services, y compris les restes à payer sur les exercices clos. (Art. 1269 bis.)

CAISSE.

56.
Caisse unique pour les divers
services confiés au comptable.

Tous les fonds appartenant aux divers services dont le percepteur-receveur municipal est chargé doivent être réunis dans une seule caisse. Ce comptable serait déclaré en déficit des fonds qui n'existeraient pas dans cette caisse unique. Il lui est expressément recommandé d'établir tous les jours le solde matériel de sa caisse, de manière à ce qu'il y ait toujours concordance parfaite entre ce solde et l'excédant de recettes résultant de ses écritures.

---

(1) Ces avances se composent de frais de route aux voyageurs indigents et forçats libérés, du prix des formules de passeports à l'intérieur, du timbre du journal à souche, des frais judiciaires en matière d'octroi, des frais de poursuites concernant les produits municipaux et des paiements (non encore justifiés) faits à l'économe de l'hospice. (Voir, pour les écritures à passer, la Circ. du 25 juillet 1828.)

COMPTES DE GESTION.

37. Mode de formation des comptes. Circulaires à consulter.

Le receveur municipal ou hospitalier doit établir son compte de gestion modèle n° 200, conformément aux règles tracées par les articles 1313 à 1321 de l'Instruction générale, modifiées en partie par les circulaires du Ministre de l'intérieur, des 31 août 1842 et 18 novembre 1845, et par celle de la compt. gle. du 24 août 1846 qui contient des dispositions importantes touchant la forme et la rédaction des comptes ; il est indispensable que le comptable les étudie avec soin.

Il examine préalablement si un crédit ouvert au budget primitif a été augmenté plus tard par un *crédit complémentaire*. Il n'est pas nécessaire, dans ce cas, de scinder l'ordonnancement de manière à ce qu'il y ait un mandat sur le crédit primitif et un autre mandat sur le crédit supplémentaire ; il convient seulement de porter, en regard du crédit primitif, la somme allouée en augmentation de ce crédit.

Quant aux imputations faites sur le crédit des *dépenses imprévues*, conformément aux instructions du Ministre de l'intérieur, des 21 avril 1834 et 15 juin 1836, on suit une marche analogue à celle qui est tracée par la dernière de ces instructions et par le modèle n° 143 pour les dépenses divisées en plusieurs articles.

Dans tous les cas, le receveur ne doit porter aux chapitres 1 et 2, que les sommes à recouvrer ou à payer *d'après le budget*. Le 3° chapitre est destiné : 1° aux restes à recouvrer ou à payer de l'exercice précédent ; 2° aux autorisations supplémentaires de recettes et aux crédits ou portions de crédits réservés ; 3° aux *compléments de dépenses déjà prévues au budget* (pour mémoire), et aux crédits supplémentaires pour *dépenses nouvelles*.

38. Époque de la transmission des comptes à la Recette des finances et justifications à fournir.

Le receveur est tenu de transmettre au Receveur des finances, dans les deux premiers mois de l'année et, au plus tard, un mois avant l'époque où son compte de gestion doit être soumis au conseil municipal, une minute timbrée dudit compte, accompagnée des pièces justificatives prescrites par l'art. 1322 de l'Instruction générale, du budget, des états des restes à recouvrer et à payer, ainsi que des livres au moyen desquels le compte a été formé.

4

59.
Titres de recettes. Époques auxquelles les originaux doivent être produits à l'appui des comptes.

Aux termes d'une décision ministérielle du 18 avril 1846, les titres ou extraits de titres remis au receveur pour opérer le recouvrement des sommes dues aux communes ou établissements publics, sont seuls assujétis au timbre et les copies de ces pièces, *destinées à la régularisation de la comptabilité de ce receveur, en sont affranchies. — Dans aucun cas, les titres originaux ne doivent être joints au compte de la première année.* On y supplée par un état présentant, dans des colonnes distinctes, les nᵒˢ et la désignation des articles du compte, la nature des titres, leur montant, les recouvrements effectués et les restes à recouvrer. Cet état est certifié par le receveur et visé par le maire. (Voir le modèle nᵒ 1ᵉʳ de la Circulaire de la Comptabilité générale du 24 juillet 1846.) — *Ce n'est qu'à l'appui des comptes de l'exercice apuré que les titres originaux sont fournis*, et encore si quelques-uns de ceux-ci étaient nécessaires au comptable, soit parce que les recettes n'auraient pas été intégralement opérées, soit parce que les termes de paiement stipulés devraient se prolonger pendant un certain nombre d'années, ces titres seraient remplacés par des copies certifiées relatant que les originaux *timbrés* sont restés aux mains du comptable, attendu que les recettes qu'ils sont destinés à justifier n'ont pas été effectuées en totalité.

60.
Soins à donner au classement des pièces de recettes et de dépenses jointes aux comptes. Numérotage de ces pièces et des articles du compte.

Les pièces de recettes et de dépenses de même nature et s'appliquant au même article du compte doivent être récapitulées sur une fiche que le receveur aura soin d'y attacher, en sorte que pour vérifier l'exactitude du chiffre porté au compte, il suffira de le comparer au total de la fiche. Ces pièces, ainsi récapitulées, doivent être classées dans l'ordre où elles figurent sur le compte et être renfermées dans des chemises *par exercice ;* elles doivent, en outre, être accompagnées d'inventaires ou bordereaux détaillés ainsi qu'il est prescrit par l'article 1322 ci-dessus cité.

Chacune des pièces justificatives doit, sans aucune exception, être revêtue du nᵒ de l'article du compte auquel elle se rapporte et les articles doivent recevoir une seule série de nᵒˢ depuis le 1ᵉʳ article de la 1ʳᵉ partie jusqu'au dernier de la 3ᵉ, pour les recettes aussi bien que pour les dépenses.

61.
Vérification du Receveur des finances et envoi des comptes à la Préfecture.

Après avoir été vérifié et au besoin rectifié par le Receveur des finances, le compte de gestion est renvoyé au receveur municipal ou hospitalier, avec les pièces dont il était accompagné. Celui-ci en fait deux copies dont l'une pour le conseil municipal et l'autre pour le conseil de préfecture ; il complète ou fait régulariser les justifications de recettes et de dépenses conformément aux observations du Receveur des finances, et lui remet le tout (comptes et pièces), dans le plus court délai.

Le Receveur des finances vérifie si ses notes critiques ont été prises en considération, vise les deux copies et y mentionne, s'il y a lieu, celles de ses observations auxquelles le comptable ne se serait pas conformé; il les transmet ensuite, avec la minute timbrée et les pièces justificatives, au Receveur municipal chargé : 1° de remettre, *le 31 mars au plus tard*, une des expéditions au Maire qui la soumet au conseil municipal lors de sa session de mai; 2° d'adresser *directement* au conseil de Préfecture, *avant le 1ᵉʳ juillet*, l'autre expédition, accompagnée d'une ampliation de la délibération du conseil municipal et des autres justifications qu'il doit produire. (Art. 1101, 1102 et 1334; Circ. des 28 janvier 1843 et 24 juillet 1846.)

ÉCRITURES.

62.
Nomenclature des livres nécessaires à un percepteur-receveur municipal.

Les écritures d'un percepteur-receveur municipal nécessitent l'emploi des livres ci-après désignés :

1° Un *journal à souche* (modèle n° 182), pour l'enregistrement de toutes les recettes et pour la délivrance des quittances aux parties versantes (art. 1227 à 1234);

2° Un registre de *quittances timbrées* (modèle n° 184), pour les quittances à délivrer aux débiteurs des communes et établissements de bienfaisance, lorsque ces quittances exigent la formalité du timbre (art. 1235 à 1238);

3° Un carnet de *division*, *par journée, par commune et par exercice, des recouvrements sur Contributions directes*, présentant le tableau des centimes communaux à allouer d'après les rôles, et ceux alloués par le Receveur des finances (art. 1280) (1);

4° Un carnet (modèle n° 183), servant à constater *la réception des ordonnances de décharge, l'emploi pour chaque contribuable des dégrèvements accordés, les excédants à rembourser et les remboursements effectués* (art. 174 et 1229);

5° Un carnet *d'achat et de débit de papier timbré* (modèle n° 185);

6° Un livre *des comptes divers par services* (modèle n° 190), dont les feuilles destinées au service des communes et des établissements de bienfaisance doivent

____

(1) Ce carnet doit être représenté à la Recette des finances une fois par mois.

être timbrées à leurs frais. Le répertoire imprimé en tête de ce livre, indique les comptes qui, d'après les articles 1252 à 1278 de l'Instruction générale, doivent figurer dans chaque section ;

7° Les livres de détail ci-après, prescrits par les articles 1240 à 1250 de l'Instruction générale :

Des livres de détail *pour les communes autres que celles rurales, et les établissements de bienfaisance dont les recettes et les dépenses ont une certaine importance* (modèle n° 185) ;

Un livre de détail spécial des *recettes et dépenses de l'octroi* (modèle n° 186) ;

Un livre de détail spécial des recettes et dépenses *pour réparations des chemins vicinaux* (modèle n° 189) ;

8° Un carnet (modèle n° 191), pour l'enregistrement des *titres et créances à recouvrer pour le compte des établissements de bienfaisance, étrangers à la résidence du percepteur*, indiquant les établissements propriétaires, le montant et les dates d'échéances des rentes et créances, et enfin la quotité des sommes perçues ;

9° Le *cahier de notes* où le percepteur doit inscrire tous les renseignements qui parviennent à sa connaissance sur les changements à opérer dans les rôles (Instruction pour le service des mutations du 8 novembre 1840) ;

10° Un *livre récapitulatif* (modèle n° 192), destiné à présenter, jour par jour, la situation complète du percepteur-receveur municipal sur tous les services qui lui sont confiés. Ce comptable indique, au verso de la première feuille du titre, l'enregistrement sommaire des rôles des Contributions directes qui lui ont été remis par le Receveur des finances.

NOTA. Il est inutile de faire observer au comptable qu'il n'a besoin de se pourvoir que des carnets et livres de détail ci-dessus désignés, dont son service nécessite l'emploi. Du reste, tous les registres et cadres en blanc qui peuvent lui être nécessaires doivent lui être fournis par l'entremise du Receveur des finances (art. 1305).

ARCHIVES.

63.
Archives et tenue du bureau. Dépôt des rôles, états-journaux, etc., ayant plus de 5 ans d'existence. État de restes à recouvrer à établir avant d'effectuer ce dépôt.

Le percepteur-receveur municipal doit avoir dans son bureau, soit un casier, soit une armoire ou placard, destiné à recevoir, dans des cases ou cartons, tous les éléments de sa comptabilité. Le modèle n° 199 fait connaître l'ordre dans lequel il convient de disposer les éléments de compte et les objets à renfermer dans chaque subdivision. (Art. 1310.)

Les rôles, états de frais et livres-journaux, ayant plus de 3 ans de date, doivent être déposés aux archives de la Préfecture, avec le relevé sommaire (modèle n° 11), dressé en trois expéditions dont l'une reste aux mains du comptable, après avoir été revêtue de l'accusé de réception du dépositaire. (Art. 77 et 504.)

Les livres récapitulatifs et livres des comptes divers, ayant 3 ans d'existence, sont déposés chez le Receveur des finances qui les conserve pendant 7 ans et les dépose ensuite à la Préfecture. (Art. 1160.)

Avant de faire le dépôt des rôles, le percepteur doit dresser, dans la forme du modèle n° 193, un état des restes à recouvrer dont il aurait à suivre la rentrée pour son compte personnel. (Art. 76.)

FRANCHISE.

Le percepteur correspond, en franchise, *sous bandes croisées et contresignées* ; 1° avec le Préfet, le Receveur général, le Directeur des contributions directes, les Inspecteurs des écoles primaires, les Inspecteurs et Vérificateurs de l'enregistrement et des domaines, les Gardes généraux, Inspecteurs ou Sous-Inspecteurs des forêts, et l'Agent-Voyer en chef *de son département* ; 2° avec le Sous-Préfet, le Receveur particulier, les Contrôleurs des contributions directes, le Conservateur des hypothèques, les Receveurs de l'enregistrement et des domaines, les Agents-Voyers d'arrondissement et les Agents-Voyers de canton, *de son arrondissement.* (Art. 1217.)

Les lettres et paquets contresignés doivent être remis aux mains des préposés des postes et non jetés dans la boîte. Toutefois, si le comptable réside dans une commune où il n'existe pas de bureau de poste, il peut déposer sa correspondance dans la boîte de sa commune. (Art. 1215.)

Il est défendu de comprendre dans les dépêches expédiées en franchise, des lettres, papiers et objets quelconques étrangers au service de l'État. En cas de fraude, le préposé des postes en dresse procès-verbal, et le Directeur de cette administration en rend compte au Ministre des finances. (Art. 1216 bis.)

La correspondance entre le percepteur et les receveurs d'hospices doit toujours avoir lieu par l'entremise du Receveur des finances. (Art. 930.)

TABLE DES MATIÈRES CONTENUES DANS LA PRÉSENTE INSTRUCTION.

SERVICE DE LA PERCEPTION.

SERVICE DES DÉPENSES.

POUR LE COMPTE DU RECEVEUR GÉNÉRAL ET DU PAYEUR.

Paiements pour le compte du Receveur général.

Paiements pour le compte du Payeur.

SERVICE MUNICIPAL.